ArtistesI numéro **21**

MICHEL-ANGE
UN ARTISTE QUI FASCINE

—— Le génie
de la chapelle Sixtine

par Delphine Gervais de Lafond

50MINUTES

Avec la collaboration d'Angélique Demur

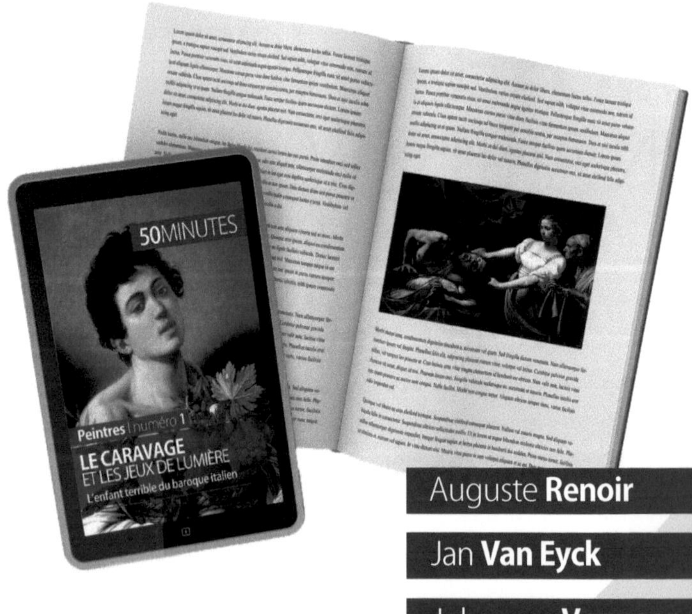

MICHEL-ANGE

- **Nom ?** Michelangelo Buonarroti, dit Michel-Ange.
- **Naissance ?** Né le 6 mars 1475 à Caprese (près de Florence).
- **Mort ?** Décédé le 18 février 1564 à Rome.
- **Contexte ?** La Renaissance italienne.
- **Œuvres majeures ?**
  - La *Pietà* de la basilique Saint-Pierre de Rome (1498-1499)
  - *David* (1501-1504)
  - *Tondo Doni* (1506-1508)
  - Les fresques du plafond de la chapelle Sixtine (1508-1512)
  - Le tombeau de Jules II (1504-1545)
  - *Le Jugement dernier*, chapelle Sixtine (1536-1541)

Sculpteur, architecte, peintre et poète, Michel-Ange est l'incarnation parfaite de l'artiste de la Renaissance, polyvalent et curieux de tout. Contrairement à son grand rival, le peintre Raphaël (1483-1520), c'est un travailleur acharné, solitaire et asocial, uniquement guidé par sa passion tourmentée pour l'art.

Placé sous la protection de grands mécènes dès sa jeunesse, il développe très tôt des dons artistiques exceptionnels. De Florence à Rome, cet artiste total ne cesse, tout au long de sa carrière, de chercher à se plier aux exigences de ses commanditaires, acceptant des commandes toutes plus prestigieuses les uns que les autres, notamment le tombeau de Jules II ou encore les fresques du plafond de la chapelle Sixtine, à Rome. Mais Michel-Ange est un éternel insatisfait et il laisse de nombreux chantiers inachevés. Par ailleurs, si ses années d'apprentissage l'initient à la peinture et à la sculpture, c'est à l'architecture qu'il consacre la fin de sa vie.

Son style colossal et monumental se situe à la frontière entre tradition et innovation. Attaché à l'héritage toscan dans les premières années de sa vie, il s'en éloigne ensuite pour adapter ses œuvres aux principes de l'architecture et de la sculpture gréco-romaines tout en dépassant la leçon antique. En avance sur son temps, l'art de Michel-Ange est une source inépuisable d'inspiration pour les générations suivantes.

L'ART DE LA RENAISSANCE ITALIENNE

En histoire de l'art, la Renaissance italienne est scindée en deux périodes : le *quattrocento* (XVᵉ siècle) et le *cinquecento* (XVIᵉ siècle). Le *quattrocento* est représenté par trois artistes majeurs : l'architecte Filippo Brunelleschi (1377-1446), le sculpteur Donatello (vers 1386 -1466) et le peintre Masaccio (1401-vers 1428), auxquels on peut également ajouter Lorenzo Ghiberti (1378-1455), Paolo Uccello (1397-1475), Piero della Francesca (vers 1416-1492) et Andrea Mantegna (1431-1506). Le *cinquecento* est incarné quant à lui par quatre grandes figures pluridisciplinaires : Bramante (1444-1514), Léonard de Vinci (1452-1519), Michel-Ange et Raphaël, auxquels s'ajoute un autre peintre de référence, Sandro Botticelli (1445-1510). Tandis que la capitale artistique du *quattrocento* est sans conteste Florence, au *cinquecento*, c'est Rome qui occupe le devant de la scène.

La Renaissance se caractérise principalement par un retour à l'Antiquité gréco-romaine sur les plans thématique et esthétique, suite à la lecture des auteurs antiques et aux découvertes archéologiques qui mettent au jour des chefs-d'œuvre de la statuaire gréco-romaine (*Laocoon*, Apollon du Belvédère, etc.). L'architecture, notamment, applique les théories de Pythagore (VIᵉ siècle av. J.-C.) et de Vitruve (Iᵉʳ siècle av. J.-C.). Parallèlement, les artistes s'affranchissent de plus en plus du poids de la tradition chrétienne. D'ailleurs, ils ne répondent plus uniquement aux commandes publiques émanant du pouvoir religieux, mais se mettent également au service des grandes maisons aristocratiques et bourgeoises. On trouve ainsi, à côté des thèmes chrétiens, des sujets laïcs et païens. Les avancées scientifiques et techniques dans des domaines aussi variés que les mathématiques, l'astronomie, l'anatomie ou encore la médecine ont également elles des répercussions directes sur la production artistique. L'invention de l'imprimerie à caractères mobiles par Gutenberg (1397/1400-1468) dans les années 1450 permet par ailleurs la diffusion des nouveaux savoirs à travers toute l'Europe.

Enfin, des doctrines telles que l'humanisme et le néoplatonisme influencent considérablement l'architecture, la peinture et la sculpture. L'homme, considéré comme le miroir de Dieu sur terre, est désormais au centre de l'univers, ce qui n'est pas sans conséquence sur les arts. En peinture, notamment, la mode du portrait place l'individu au cœur de toutes les attentions. Les peintres cherchent alors à rendre avec plus de réalisme la vérité psychologique et anatomique de la figure humaine. Jouant sur la lumière, les rapports de proportions et la perspective récemment mise au point, ils perfectionnent le rendu des émotions et mettent en valeur les formes du corps. La représentation du nu masculin comme reflet du « beau » divin se répand.

RENAISSANCE ET PHILOSOPHIE

Né à la fin du XIVe siècle en Italie, l'humanisme désigne un courant de pensée de dimension européenne qui consiste, au sens strict, à étudier les textes de l'Antiquité dans leur version originale. Plus largement, l'humanisme accorde une nouvelle place à l'homme, capable de progrès, et promeut l'éducation, afin de permettre aux individus de se réaliser pleinement.
Le néoplatonisme fait référence à une doctrine philosophique issue de la pensée du philosophe Platon (vers 427-347 av. J.-C.) qui se développe à Rome au IIIe siècle apr. J.-C., dont le principal représentant est Plotin (vers 205-270). Au XVIe siècle, la traduction des écrits de Platon et de Plotin contribue à faire renaître cette doctrine qui accorde la prééminence aux Idées par rapport aux réalités sensibles. Une Académie platonicienne est fondée à Florence par Cosme de Médicis (1389-1464) en 1459. Dirigée par l'humaniste italien Marsile Ficin (1433-1499), elle regroupe de grands penseurs humanistes tels qu'Ange Politien (1454-1494) et Jean Pic de la Mirandole (1463-1494).

L'ÉVOLUTION DU STATUT DE L'ARTISTE

La notion d'artiste, au sens où on l'entend aujourd'hui, apparaît à la Renaissance. Au Moyen Âge, la sculpture, la peinture et l'architecture appartiennent aux arts mécaniques, au même titre que d'autres activités manuelles (orfèvrerie, mercerie, draperie, médecine, etc.). À partir des XVe et XVIe siècles, l'artiste sort de l'ombre, mais encore lui faut-il accéder au titre de « maître » pour espérer être reconnu. Pour ce faire, les jeunes apprentis intègrent l'atelier d'un maître dès l'âge de 12-13 ans. Ils y effectuent d'abord des travaux domestiques simples (nettoyage de l'atelier, broyage des couleurs, etc.), puis, après quelque temps, ils sont chargés d'exécuter des tâches plus techniques (préparation du support, réalisation d'un motif, etc.) et participent aux travaux du maître, à l'exception des parties les plus délicates, les mains et les visages, par exemple. Ce n'est qu'après plusieurs années d'apprentissage qu'ils peuvent enfin devenir à leur tour maître.

Si l'art s'était déjà attiré la protection de la haute société à la fin du Moyen Âge, le *quattrocento* voit naître une nouvelle génération de mécènes qui favorisent considérablement le développement et le rayonnement de la culture italienne. Florence est placée sous le patronage des Médicis, Rome sous celui des papes, tandis que les familles Montefeltre, Sforza, Este et Gonzague contribuent à l'épanouissement artistique des villes d'Urbino, de Milan, de Ferrare et de Mantoue. Tous soutiennent la production des artistes les plus renommés de la Renaissance.

Riche famille de banquiers florentins, les Médicis jouent un rôle primordial dans la formation et l'épanouissement artistique de Michel-Ange. Suivant les pas de son grand-père, Cosme de Médicis, et de son père, Pierre de Médicis (vers 1416-1469), Laurent de Médicis (1449-1492), dit Laurent le Magnifique, participe grandement à la prospérité de sa ville natale grâce à la promotion des arts. C'est sous son autorité que Florence connaît son âge d'or et devient le centre culturel de toute la péninsule italienne. Son palais est le rendez-vous incontournable de l'intelligentsia florentine : philosophes, poètes et artistes y échangent leurs idées au sujet de la doctrine humaniste en vogue, que l'on nomme « néoplatonisme médicéen », en référence à cette grande famille de mécènes.

LES *VITE* DE GIORGIO VASARI

Giorgio Vasari (1511-1574) est le premier théoricien et historien de l'art. En 1550, la publication de ses *Vite*, biographies des plus grands artistes de la Renaissance italienne (*Les Vies des meilleurs peintres, sculpteurs et architectes*), joue un rôle considérable dans la naissance de cette discipline. Dans cette œuvre magistrale, l'auteur utilise pour la première fois le terme de « Renaissance » pour parler de la révolution qui touche les arts à cette époque. Giorgio Vasari voue un véritable culte à Michel-Ange en particulier et considère son art comme l'apogée de la Renaissance italienne : « Parmi les vivants et les morts, celui qui remporte la palme, les dépasse et les écrase tous, c'est le divin Michel-Ange Buonarroti. Sa primauté ne s'exerce pas dans un art, mais dans les trois. » (COMAR (Philippe) (dir.), *Figures du corps. Une leçon d'anatomie à l'École des beaux-arts*, Paris, ENSBA, 2008, p. 142)

BIOGRAPHIE

MICHEL-ANGE ET LES *SCARPELLINI*

Michelangelo Buonarroti naît le 6 mars 1475 en Toscane, au sein d'une famille d'origine florentine. Son père est podestat (premier magistrat) des villes de Chiusi et Caprese. Lorsque sa mère meurt, six ans après sa naissance, Michel-Ange est placé chez une nourrice dont le mari est tailleur de pierre. Giorgio Vasari raconte que le goût précoce de l'artiste pour la sculpture lui viendrait de sa jeunesse passée à regarder travailler les *scarpellini* (mot dérivé de l'italien *scalpello* ou *scarpello* qui signifie « ciseau », *scarpellare* désignant à la Renaissance le fait de tailler le marbre).

En 1488, Michel-Ange intègre l'atelier de Domenico Ghirlandaio (1449-1494) pour un contrat d'apprentissage de trois ans. L'adolescent y apprend le métier de peintre et copie les fresques de Giotto (vers 1266-1337) et de Masaccio. Mais le jeune homme quitte l'atelier de Ghirlandaio avant la fin de son contrat pour suivre les cours de Bertoldo di Giovanni (vers 1440-1491), à la tête d'une école de jeunes sculpteurs placée sous la protection de Laurent de Médicis. Ce dernier remarque rapidement les formidables capacités de Michel-Ange et l'invite à venir copier les statues antiques de sa collection dans les jardins de Saint-Marc. Il est accueilli dans le palais de la Via Larga (l'actuel palais Medici-Riccardi), où il côtoie les plus grands hommes de l'époque. Ses années de formation sont bercées par l'enseignement néoplatonicien des philosophes humanistes Marsile Ficin, Ange Politien et Pic de la Mirandole.

Entre 15 et 17 ans, Michel-Ange réalise ses premiers reliefs sculptés : *La Vierge à l'escalier* et *La Bataille des Centaures* (1490-1492). En 1494, la mort de Laurent de Médicis et l'arrivée de l'armée française de Charles VIII (1470-1498) à Florence le poussent à quitter la ville. Après une escale à Venise, il réside un an à Bologne où il exécute des statues pour le tombeau de saint Dominique.

L'HEURE DES GRANDS CHANTIERS

Quand il arrive à Rome en juin 1496, Michel-Ange est déjà considéré, malgré son jeune âge, comme l'un des plus grands sculpteurs de son temps. On admire sa dextérité technique, ainsi que ses connaissances en proportions et en anatomie. C'est à cette époque qu'il réalise la célèbre *Pietà* de la basilique Saint-Pierre de Rome (1498-1499).

En 1501, après avoir passé cinq années à Rome, l'artiste rentre à Florence, où on lui commande plusieurs sculptures, dont deux bas-reliefs exécutés pour des commanditaires privés : le *Tondo Taddei* (1504-1505) et le *Tondo Pitti* (1504-1508). Michel-Ange réalise en outre, pour la famille Doni, une peinture représentant une vierge à l'enfant, le *Tondo Doni* (1506-1508), et il se voit confier la réalisation de la fresque de la bataille de Cascina pour la salle du conseil du Palazzo Vecchio, un projet qu'il abandonne rapidement. Mais la grande œuvre de cette période florentine est la sculpture la plus connue de l'artiste à ce jour, *David* (1501-1504).

En 1505, à la demande du pape Jules II (1443-1513), Michel-Ange, de retour à Rome, entame un projet colossal, le tombeau de Jules II. Il s'agit d'un monument funéraire majestueux à l'image des mausolées antiques, destiné à prendre place au cœur de la basilique Saint-Pierre. L'artiste passe huit mois dans les carrières de Carrare afin de choisir les meilleurs morceaux de marbre, mais à son retour, le pape est déjà passé à un autre chantier, la construction de la basilique Saint-Pierre, confiée à l'architecte Bramante. Vexé par le désintérêt du souverain pontife à l'égard de son projet, Michel-Ange rentre aussitôt à Florence, mettant le chantier du tombeau entre parenthèses. Il y travaillera par intermittence toute sa carrière, mais, laissé inachevé à sa mort, ce projet restera le drame de sa vie, au point que son biographe, Condivi, parle de « tragédie du tombeau ».

En 1508, Jules II rappelle Michel-Ange à Rome pour exécuter les fresques de la voûte de la chapelle Sixtine. Pendant quatre longues années, l'artiste travaille jour et nuit à cette entreprise titanesque, suspendu à plusieurs mètres du sol sur un échafaudage. Cette position inconfortable et la rapidité d'exécution qu'impose la technique de la fresque l'épuisent. Michel-Ange se tourne même en dérision dans un dessin dans lequel il se représente debout, le corps cambré vers le haut, la peinture lui dégoulinant sur le visage (Florence, Casa Buonarroti).

En 1520, le successeur de Jules II, le pape Léon X (1475-1521), fils de Laurent le Magnifique, envoie Michel-Ange à Florence afin d'achever plusieurs chantiers dans la basilique San Lorenzo : la façade (qui ne fut jamais réalisée), les tombeaux de la nouvelle sacristie ainsi que la bibliothèque laurentienne attenante à l'édifice (des chantiers tous deux inachevés). Michel-Ange y travaille par intermittence jusqu'en 1534.

À la mort de Léon X en 1521, le nouveau pape, Clément VII (1478-1534), commande à l'artiste une bibliothèque destinée à accueillir les ouvrages de la collection de Laurent le Magnifique. Michel-Ange entame rapidement la réalisation du vestibule et de son imposant escalier tripartite, avant de délaisser une nouvelle fois son chantier. L'ambitieux ensemble architectural sera terminé par Bartolomeo Ammannati (1511-1592), quelques années plus tard. Par la suite, Michel-Ange continue d'alterner ses séjours florentins et romains en poursuivant les différents chantiers commencés. Les années 1530 sont marquées par ses amitiés avec l'artiste Tommaso Cavalieri (1509-1587) et la femme de lettres Vittoria Colonna (1490-1547).

LES DERNIÈRES ANNÉES

C'est à Rome que Michel-Ange réalise les derniers grands projets de sa vie. En 1532, Clément VII le charge notamment de remplacer les anciennes fresques du Pérugin (vers 1448-1523) situées aux deux extrémités de la chapelle Sixtine par deux grandes scènes : *Le Jugement dernier* et *La Chute des anges rebelles*. À la mort du pape en 1534, Paul III (1468-1549) entend faire respecter la volonté de son successeur. Mais seule la gigantesque fresque du *Jugement dernier* est réalisée (1536-1541).

Les vingt dernières années de la vie de l'artiste sont essentiellement consacrées à son activité d'architecte : il travaille à la place du Capitole, au palais Farnèse, à la reconstruction de la basilique vaticane d'après les plans de Bramante, à la basilique Sainte-Marie-des-Anges-et-des-Martyrs, ou encore à la chapelle Sforza à Sainte-Marie-Majeure. Il continue néanmoins de sculpter quelques

Pietà et peint les fresques de la chapelle Pauline du Vatican (1542-1550). Très affaibli par son travail, qui ne lui laisse que très peu de répit, Michel-Ange s'éteint d'épuisement le 18 février 1564. Contre le souhait du pape Pie IV (1499-1565) de le voir reposer à la basilique Saint-Pierre de Rome, son corps est rapatrié à Florence et inhumé dans la basilique Sainte-Croix.

- 15 -

MICHEL-ANGE, UN POÈTE ?

Si Michel-Ange est surtout connu pour ses talents de peintre, de sculpteur et d'architecte, on oublie bien souvent qu'il était aussi poète. Le maître florentin a écrit plus de 300 poèmes qui furent publiés par son petit-neveu Michelangelo Buonarroti le Jeune (1568-1646) en 1623. Son descendant aurait modifié certains pronoms afin de masquer l'affection que Michel-Ange portait à Tommaso Cavalieri. C'est pour cette raison que l'on a longtemps pensé que tous ses poèmes d'amour étaient destinés à Vittoria Colonna, alors qu'ils s'adressaient en réalité au jeune artiste, de plus de trente ans son cadet.

CARACTÉRISTIQUES

UN STYLE MONUMENTAL

Michel-Ange est principalement connu pour avoir mis au point un style monumental. Héritier de l'art antique, il prend ainsi un certain nombre de libertés avec le modèle gréco-romain, qui privilégie l'équilibre, notamment en ce qui concerne la représentation du corps humain.

En architecture comme en sculpture et en peinture, l'artiste a recours à de grandes échelles de proportions qui donnent à ses bâtiments et à ses personnages un aspect majestueux. Cette « monumentalisation » lui vaut parfois d'être critiqué pour sa démesure et son manque de naturel. Ainsi, Michel-Ange, qualifié de « terrible », est souvent opposé au « gracieux » Raphaël.

Plus précisément, en architecture, il privilégie l'ordre colossal, un ordre unique qui embrasse tous les étages d'un édifice. En sculpture, il confère à ses statues une émotion plus profonde qui leur donne davantage de vie, en jouant sur l'anatomie. En dépit de leurs proportions démesurées, ses personnages semblent ainsi pourvus de réels sentiments, s'éloignant par là de la froideur de leurs modèles antiques. Enfin, en peinture, l'artiste privilégie les forts contrastes de couleurs pour animer ses scènes et les rendre plus vivantes. Si celles-ci sont essentiellement religieuses, l'artiste y intègre subtilement des éléments profanes, pour un mariage sacré/profane particulièrement réussi : il fait alors cohabiter au sein d'un même ensemble sibylles païennes et prophètes chrétiens. Quant à ses figures, androgynes et massives, elles ont une musculature surdéveloppée.

LES *PIETÀ*

Un des thèmes privilégiés de Michel-Ange est la *pietà*. Le sculpteur en a réalisé trois : la *Pietà* de la basilique Saint-Pierre de Rome (1498-1499), la *Pietà Bandini* (vers 1550) et la *Pietà Rondanini* (vers 1564).

La *pietà* (« Vierge de pitié ») est un thème iconographique traditionnel de l'art chrétien en rapport avec l'épisode biblique de la Déposition. Après la Crucifixion, le corps du Christ est déposé aux pieds de la croix et pleuré par ses proches. Le terme de *pietà* est principalement utilisé pour désigner la représentation de la Vierge Marie tenant dans ses bras le corps sans vie de son fils. Ce motif est intimement lié au thème de la *Mater Dolorosa* (« Vierge de douleur ») qui se développe à l'époque médiévale, notamment dans l'art français et byzantin.

Des trois *pietà* de Michel-Ange, celle de Saint-Pierre est la plus aboutie. Mais la *Pietà Bandini* présente une double originalité, à la fois esthétique et symbolique. Au couple traditionnel Marie/Jésus s'ajoutent deux autres personnages : Nicodème soutenant le corps du Christ et Marie-Madeleine, accroupie à sa gauche. Œuvre tardive, il ne s'agit pas d'une commande mais d'une sculpture destinée à orner le tombeau de l'artiste : le personnage de Nicodème serait en réalité un autoportrait. La *Pietà Rondanini*, quant à elle, est la dernière œuvre sculptée de Michel-Ange, qui meurt sans avoir le temps de l'achever.

LES *TONDI*

Le *tondo* (abréviation du mot italien *rotondo*) est un ouvrage d'art réalisé sur un support de forme ronde. Il peut s'agir d'une peinture ou d'une sculpture en bas-relief. Quand il est peint, le *tondo* est généralement encadré d'un large cadre de bois sculpté.

Apparue pendant le Moyen Âge, cette forme circulaire revient à la mode en Italie à la Renaissance, notamment grâce au regain d'intérêt pour le *desco da parto*, le « plateau d'accouchée ». Dans les familles aisées, ces *tondi* étaient réalisés à l'occasion de la naissance du premier enfant. On y trouve généralement représentées des scènes à forte teneur symbolique, qu'elles soient mythologiques, religieuses ou allégoriques.

Michel-Ange a réalisé trois *tondi* connus, deux bas-reliefs en marbre et une tempera sur bois : les *Tondo Taddei* (1504-1505) et *Tondo Pitti* (1504-1508), et le *Tondo Doni* (1506-1508). Les trois œuvres représentent le même thème, une Vierge à l'Enfant.

LA TECHNIQUE DE LA FRESQUE

En tant que peintre, Michel-Ange s'est principalement distingué par son travail de fresquiste. Les ensembles peints de la chapelle Sixtine font partie des plus beaux témoignages de l'art pictural de la Renaissance italienne.

La technique de la fresque (*buon fresco*) tire son nom de l'italien *affresco*, qui signifie « à frais ». Elle se déroule en plusieurs étapes. Après avoir préparé la surface à peindre, l'artiste peut dessiner les contours de son motif sur une première couche appelée l'*arriccio*. Ensuite, il repasse sur ce premier dessin à l'aide d'un pigment de couleur rouge, la *sinopia*. Une fois cette étape terminée, il doit poser un second enduit (à base de sable fin ou de poudre de marbre, le tout mélangé à de la chaux et de l'eau), appelé *intonaco*, destiné à recevoir la fresque proprement dite. L'artiste doit impérativement appliquer ses couleurs sur l'enduit encore humide afin que les pigments puissent adhérer correctement au support mural. Délicate et fastidieuse, cette technique n'admet aucune hésitation et ne laisse pas de place à la médiocrité.

SÉLECTION D'ŒUVRES

PIETÀ DE LA BASILIQUE SAINT-PIERRE DE ROME

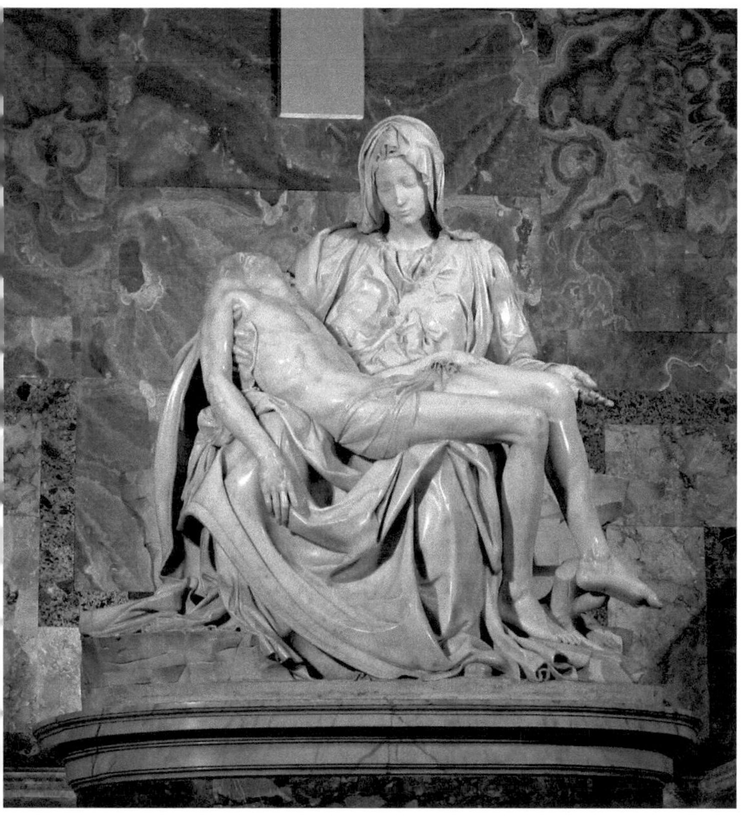

Pietà, 1498-1499, statue en marbre, 174 x 195 x 69 cm, Rome, Vatican, basilique Saint-Pierre de Rome.

En 1497, le cardinal Jean Bilhères de Lagraulas (vers 1439-1499), ambassadeur de France à Rome, commande une pietà au jeune artiste de 22 ans. Financée par le banquier Jacopo Galli, l'œuvre est destinée à orner son monument funéraire dans la chapelle des rois de France de l'ancienne basilique Saint-Pierre de Rome. Le cardinal français meurt peu après l'achèvement de la sculpture.

Le résultat est sensationnel. Michel-Ange a accompli une véritable prouesse en réalisant une sculpture grandeur nature à partir d'un unique bloc de marbre de Carrare. La tête légèrement inclinée vers le corps inerte de son fils, la Vierge est plongée dans une intense douleur intérieure soulignée par la beauté et la candeur de son jeune visage. La construction pyramidale du groupe sculpté symbolise la Sainte Trinité (le Christ, Dieu et le Saint-Esprit). Il se dégage de l'ensemble une impression de calme et de sérénité qui sied parfaitement au caractère sacré de la scène.

En plus de ses nombreuses qualités esthétiques, cette pièce a une valeur inestimable en histoire de l'art car il s'agit de la seule œuvre signée de la main de l'artiste. Michel-Ange a en effet gravé sur le bandeau traversant la poitrine de la Vierge une inscription comprenant son nom en latin : « MICHAEL.ANGELUS.BONAROTUS. FLORENT.FACIEBAT. » (« Michel-Ange Buonarroti le Florentin l'a fait »). Elle est aujourd'hui conservée dans la chapelle nord de la basilique Saint-Pierre de Rome, la Cappella della Pietà.

DAVID

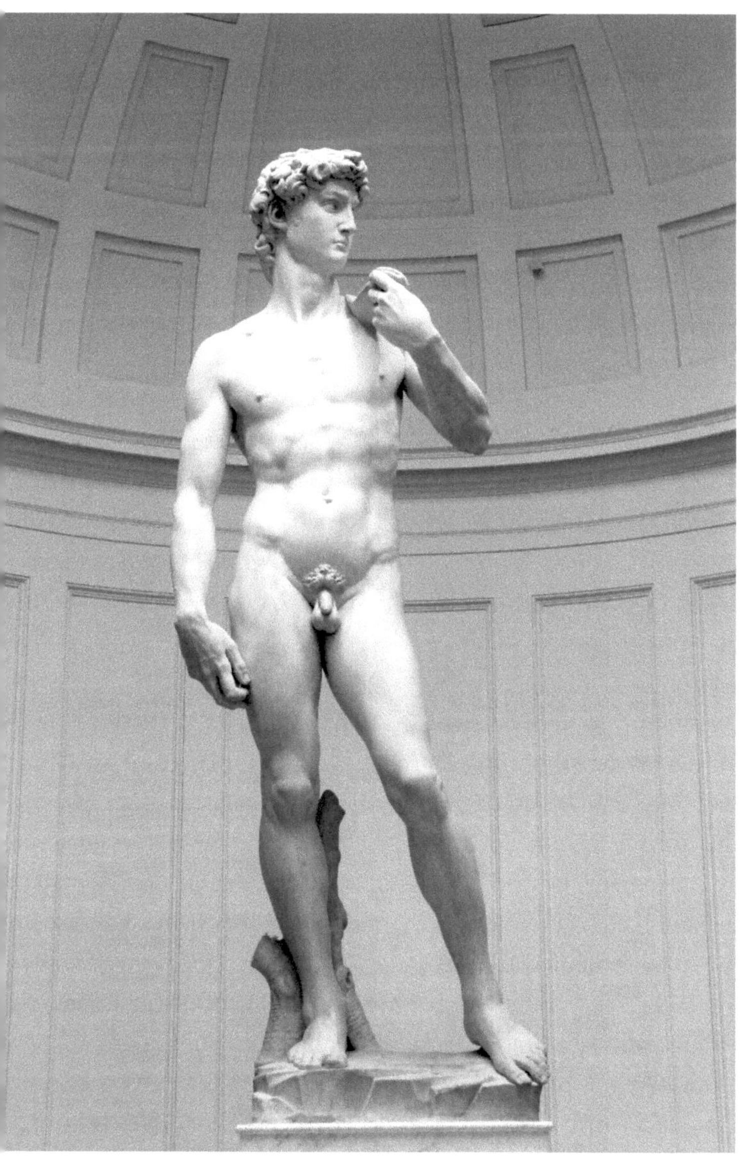

David, 1501-1504, statue en marbre, 434 cm de haut, Florence, galerie de l'Académie.

Le *David* de Michel-Ange est sans doute sa sculpture la plus connue à travers le monde, probablement en raison de sa beauté, de ses dimensions, très grandes pour l'époque, et de l'éloge qu'en fait Vasari. Elle représente un épisode biblique tiré du livre de Samuel dans lequel David, jeune berger de la tribu de Juda, triomphe du géant Goliath, du peuple des Philistins. L'artiste a choisi de représenter David en *contrapposto*, une posture déhanchée couramment utilisée dans la statuaire grecque, avant son combat contre son mythique adversaire. Seule la fronde, négligemment posée sur son épaule, relie la majestueuse figure du jeune berger à cet épisode triomphant.

En 1501, les membres de l'Œuvre de la Cathédrale, qui président à la conservation de Santa Maria del Fiore (Sainte-Marie-des-Fleurs), se réunissent afin de débattre de l'avenir d'un grand bloc de marbre à peine dégrossi et abandonné par de précédents sculpteurs. La tâche délicate de sculpter ce bloc de marbre est confiée au jeune Michel-Ange.

Après trois années de travail durant lesquelles l'artiste cache la statue derrière une sorte de fortin de bois, la sculpture est dévoilée. Une commission composée de célèbres artistes, dont Léonard de Vinci et Sandro Botticelli, se charge alors de déterminer son emplacement. La nudité et le gigantisme (plus de quatre mètres de haut !) de l'œuvre ne convenant pas pour la cathédrale, un accord est trouvé pour la placer devant le Palazzo Vecchio, où elle demeure jusqu'en 1873 avant d'être transférée dans l'enceinte de la Galleria dell'Accademia. Une copie remplace aujourd'hui l'original à son emplacement initial. Il existe une deuxième copie (en bronze) de l'œuvre à Florence, sur la Piazzale Michelangelo, au sud de l'Arno.

TONDO DONI

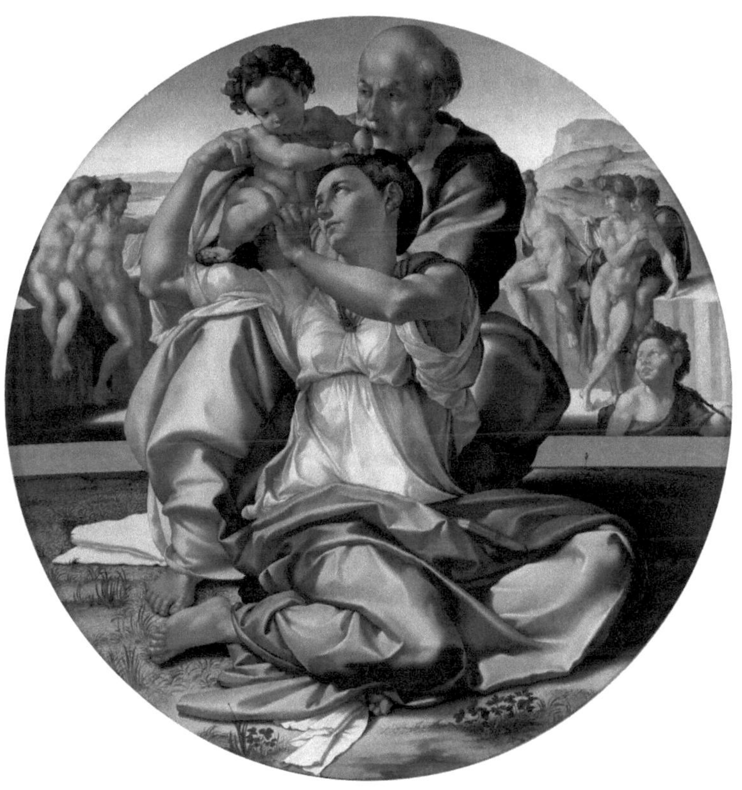

Tondo Doni, 1506-1508, tempera sur bois, 120 cm de diamètre, Florence, Galerie des Offices.

Unique témoignage pictural de Michel-Ange conservé à Florence, le *Tondo Doni* est aussi la seule peinture sur support mobile connue de l'artiste. Cette tempera s'ouvre sur une scène intime de la Sainte Famille composée de Marie, Joseph et Jésus. Dans le coin droit, placé derrière la balustrade, on aperçoit une représentation de saint Jean-Baptiste enfant. Mais cet épisode traditionnel du répertoire chrétien revêt pourtant une certaine singularité à la fois stylistique et iconographique.

Michel-Ange a savamment disposé ses personnages dans une construction en spirale qui guide le regard du spectateur vers le fils de Dieu. L'ensemble forme non pas une traditionnelle composition triangulaire, mais une véritable pyramide tout en volume qui donne puissance et vie aux protagonistes. Quant au traitement des drapés, grâce à des jeux de clair-obscur, il est à lui seul témoin de la virtuosité technique de l'artiste. À l'arrière-plan, des *ignudi* (nus) rappellent l'héritage antique de Michel-Ange. La figure qui se trouve derrière Joseph fait penser à la célèbre sculpture grecque du *Laocoon* (Ier siècle av. J.-C.). La coexistence de figures antiques et chrétiennes fait de ce tableau l'œuvre à la fois la plus énigmatique et la plus emblématique de la Renaissance.

Le *Tondo Doni* a été réalisée à la demande du marchand florentin Agnolo Doni et de sa femme, Maddalena Strozzi, probablement à l'occasion de la naissance de leur fille Marie (1507). Le cadre en bois, richement orné de volutes et de bustes sculptés, porte les armoiries des commanditaires : trois croissants de lune liés par des rubans et encadrés par quatre têtes de lions.

LA TECHNIQUE DE LA TEMPERA

La tempera (de l'italien *temperare*, qui signifie « détremper » en français) est l'une des plus anciennes techniques picturales. Principalement utilisée jusqu'au XVe siècle (époque à laquelle se popularise la peinture à l'huile), cette méthode de peinture à l'eau est basée sur une émulsion, réalisée le plus souvent à partir d'œuf : l'artiste mélange les pigments de couleur broyés avec un liant (gomme, colle, jaune d'œuf) avant d'émulsionner sa préparation avec de l'eau. Cette technique nécessite une grande rapidité d'exécution en raison de son temps de séchage très court.

LA CRÉATION D'ADAM

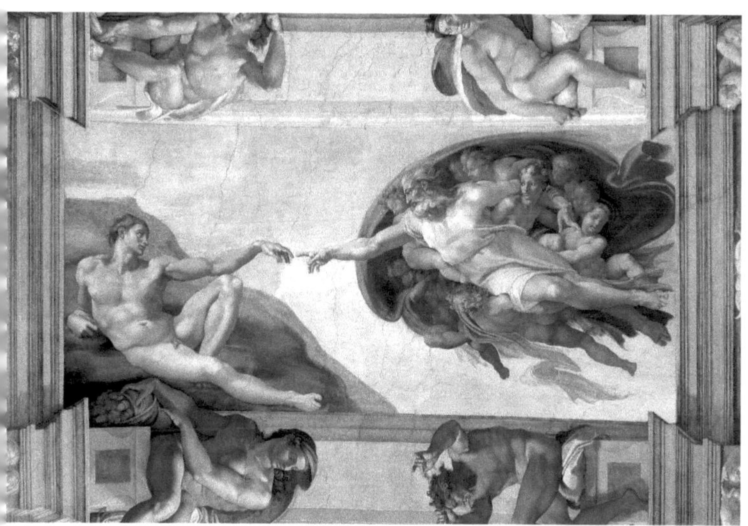

La Création d'Adam, vers 1510-1511, fresque, 280 x 570 cm, Rome, Vatican, chapelle Sixtine.

La Création d'Adam est l'un des neuf épisodes de la *Genèse* représentés par Michel-Ange sur la voûte de la chapelle Sixtine, alors que le contrat initial ne prévoyait que la réalisation des douze apôtres des pendentifs. Les principaux épisodes du récit biblique sont là, de la Création à la Chute de l'homme en passant par le Déluge et l'épopée de l'Arche de Noé. Les *ignudi* placés entre les scènes centrales choquent la société de l'époque par leur nudité. Entre les voûtes, les immenses figures des sibylles et des prophètes trônent sur des bancs de marbre monumentaux. Quatre pendentifs d'angle relatent les scènes du salut du peuple d'Israël (*David et Goliath, Judith et Holopherne, Le Supplice d'Aman, Le Serpent d'airain*) tandis que les lunettes latérales, situées au-dessus des fenêtres, accueillent les Ancêtres de Dieu (Salmon, Josias, Amon, Ézéchias, etc.).

Plus précisément, *La Création d'Adam* fait référence au célèbre passage de l'*Ancien Testament* (*Genèse* 1, 27) : « Dieu créa l'homme à son image. » Selon la légende, Dieu créa Adam à partir de la poussière de la terre au sixième jour de la Création. Toutefois, loin de se conformer strictement au texte sacré, Michel-Ange représente Dieu insufflant la vie au premier homme comme s'il animait de chair et d'os une statue de marbre.

La composition met en scène deux groupes distincts représentant les mondes céleste et terrestre. Le premier, à droite, symbolise le royaume des Cieux. On reconnaît Dieu entouré d'anges, enveloppé dans un épais drap de couleur pourpre, attribut de sa souveraineté. Le deuxième, à gauche, est constitué d'un seul personnage, Adam. Pourvu d'un corps athlétique, le premier homme est installé sur le sol, dans une position inattendue qui rappelle les nus antiques. Toute la composition converge vers le point central de la fresque, la réunion des index de Dieu et d'Adam, dans une savante harmonie des proportions.

LA CHAPELLE SIXTINE

Dédiée à Notre-Dame de l'Assomption, la chapelle Sixtine tire son nom du pape Sixte IV (1414-1484). Sous son pontificat (1471-1484), ce dernier contribue à la restauration et à l'édification de plusieurs monuments. On lui doit notamment le réaménagement d'une ancienne chapelle papale abandonnée, la *capella magna*, de 1477 à 1480, qui deviendra la célèbre chapelle Sixtine. La réalisation des premières fresques est confiée aux plus grands peintres de l'époque, tels que Cosimo Rosselli (1439-1507), Sandro Botticelli, le Pérugin ou encore Domenico Ghirlandaio.

MOÏSE

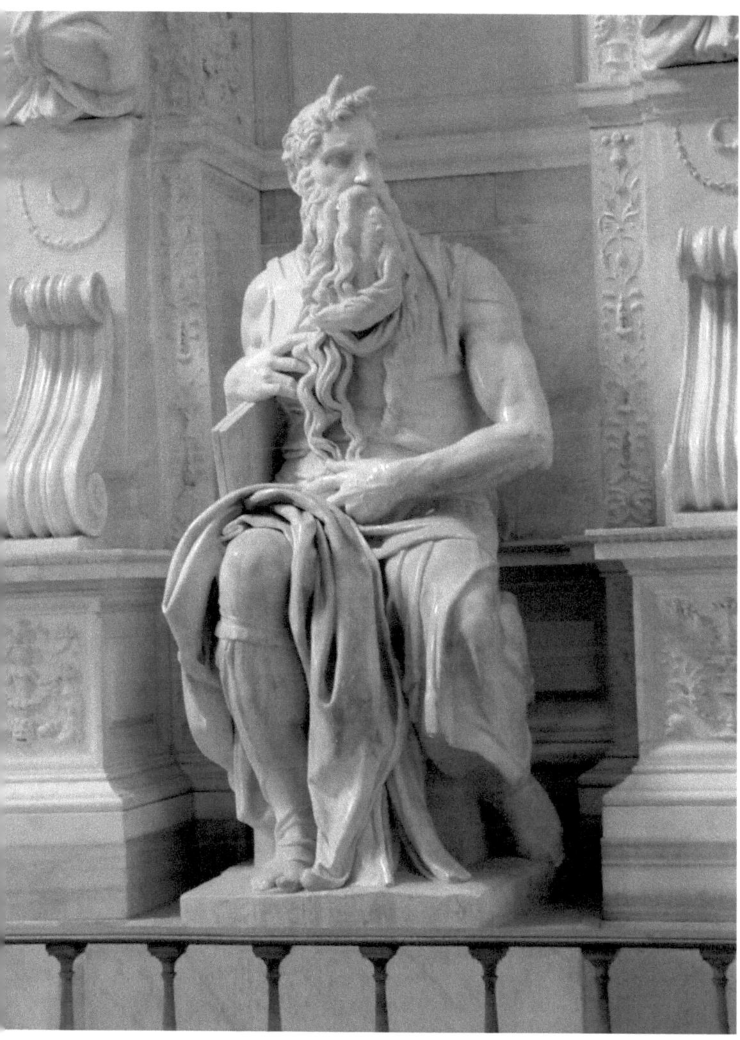

Moïse, 1515, statue en marbre, 235 cm de haut, Rome, basilique Saint-Pierre-aux-Liens, cénotaphe de Jules II.

Cette statue fait partie des rares éléments achevés du tombeau de Jules II – qui est en réalité un cénotaphe (tombe vide), le pape reposant sous une simple pierre tombale dans la basilique Saint-Pierre de Rome. Haute de plus de deux mètres, l'imposante figure de Moïse prend place dans la partie inférieure centrale du cénotaphe du pape. Celui-ci, inauguré en 1545, est constitué de deux niveaux et orné de six sculptures représentant, outre Moïse, Léa, Rachel, une Vierge à l'Enfant, un prophète et une sibylle. Mêlant architecture et sculpture monumentale, à l'origine, Michel-Ange avait prévu trois étages et une quarantaine de figures sculptées. *Moïse* était destiné à orner le deuxième étage, celui du monde céleste.

Le prophète est représenté le regard inquiet, une main appuyée sur son torse, l'autre posée sur les tables de la Loi – reçues de Dieu lui-même –, retenant sa longue barbe bouclée. La sculpture connaît un regain de notoriété avec la parution en 1914 de l'étude psychanalytique de Sigmund Freud (1856-1939) intitulée *Le Moïse de Michel-Ange*, où le célèbre médecin viennois analyse la représentation de la colère dans l'œuvre de l'artiste florentin.

Moïse « cornu » ?

La représentation des cornes de Moïse est due à la mauvaise traduction d'un passage de l'*Exode* (34, 29) : « Quand il descendit de la montagne, il ne savait pas, lui, Moïse, que la peau de son visage était devenue rayonnante en parlant avec le Seigneur. » La traduction œcuménique de la Bible (1975-1976) a remplacé la version latine qui avait traduit l'adjectif signifiant « rayonnant » par « cornu ». C'est pour cette raison qu'en art on représenta longtemps la figure de Moïse avec cet attribut pour le moins insolite.

LE JUGEMENT DERNIER

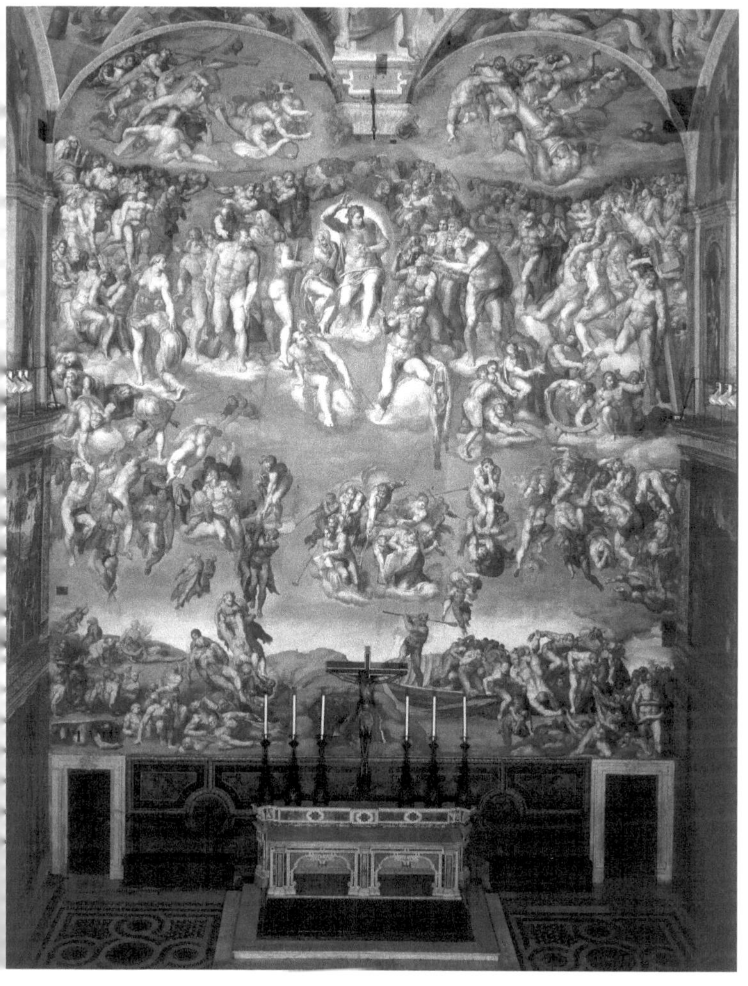

Le Jugement dernier, 1536-1541, fresque, 1370 x 1220 cm, Rome, Vatican, chapelle Sixtine.

Ultime contribution à la chapelle Sixtine et dernier ensemble peint du maître, cette gigantesque fresque est commandée par Clément VII vers 1533, peu avant sa mort. Le chantier commence trois ans plus tard, sous le pontificat de Paul III.

Pour *Le Jugement dernier*, Michel-Ange s'inspire de plusieurs textes du *Nouveau Testament* : l'*Évangile selon saint Matthieu* et la *Première Épître de saint Paul aux Corinthiens*. L'artiste a disposé la figure auréolée du fils de Dieu au centre de la composition, où convergent tous les regards. Marie, à sa gauche, semble résignée, tandis que tout autour, les saints et les élus attendent la proclamation du jugement divin. Certains sont représentés avec leurs attributs habituels (saint Pierre tenant les clés du Paradis, sainte Catherine d'Alexandrie avec la roue qui servit pour son martyre, saint Sébastien avec les flèches qui le transpercèrent, etc.). Il est communément admis que l'artiste s'est peint sous les traits de saint Barthélémy, qui tient sa propre peau pour avoir été écorché vif. Les anges de l'Apocalypse sonnent les trompettes dans la partie inférieure et, à droite, les damnés sont poussés en Enfer. Dans les lunettes du dessus, on aperçoit les symboles de la Passion portés par les anges : la Croix, les clous et la couronne d'épines à gauche ; la colonne de la flagellation, l'échelle et la branche imbibée de vinaigre à droite.

« LE CULOTTIER »

La nudité des corps de cette fresque choque profondément les esprits puritains de la Renaissance italienne. En 1564, la congrégation du Concile de Trente décide de faire recouvrir les parties intimes des personnages par des « repeints de pudeur ». La tâche est confiée au peintre et ami de Michel-Ange, Daniele da Volterra (1509-1566), ce qui lui vaut le surnom de « Il Braghettone » (« le culottier »).

MICHEL-ANGE,
UNE SOURCE D'INSPIRATION

Preuve de l'incroyable renommée de Michel-Ange, deux biographies sont publiées de son vivant, ce qui est assez extraordinaire à cette époque. La première est l'œuvre de Giorgio Vasari (1550) et la deuxième, celle d'un élève du maître, Ascanio Condivi (1553). Les deux écrivains contribuent ainsi largement à conférer une dimension mythique au talent de l'artiste florentin. En Italie, Michel-Ange est admiré et copié dès le XVIe siècle par un bon nombre d'artistes qui appliquent ses enseignements en utilisant des formes contorsionnées à l'excès : il s'agit du maniérisme. L'exaltation du génie de Michel-Ange s'estompe au cours des XVIIe et XVIIIe siècles, avant de renaître avec force au XIXe siècle.

LE PÈRE DU MANIÉRISME

Le maniérisme désigne un style artistique qui se développe dans les années 1520 et perdure jusque dans les années 1580. Il se situe à mi-chemin entre l'art de la Renaissance et l'art baroque. Ses principaux représentants en peinture sont Andrea del Sarto (1486-1530) et son élève Rosso Fiorentino (1495-1540), le Pontormo (1494-1556), le Parmesan (1503-1540), le Tintoret (1518-1594) et le Greco (1541-1614).

Les peintres maniéristes se réapproprient et exacerbent la « manière » des grands maîtres italiens de la Renaissance, Michel-Ange, Léonard de Vinci ou encore Raphaël. Ils partagent la même recherche de mouvement caractérisée par une exagération de la forme (recours à la figure serpentine, en S), la torsion du corps humain et l'utilisation de forts contrastes de couleurs vives. Leur recherche de la beauté les conduit à une certaine préciosité qui les éloigne de l'enseignement antique. Michel-Ange fait figure de modèle absolu pour les maniéristes qui le

copient à l'envi et lui rendent hommage dans de nombreuses œuvres
extravagantes. Au siècle suivant, le Bernin (1598-1680) et Borromini
(1599-1667) poussent ce maniérisme encore plus loin en créant un
nouveau langage stylistique : l'art baroque.

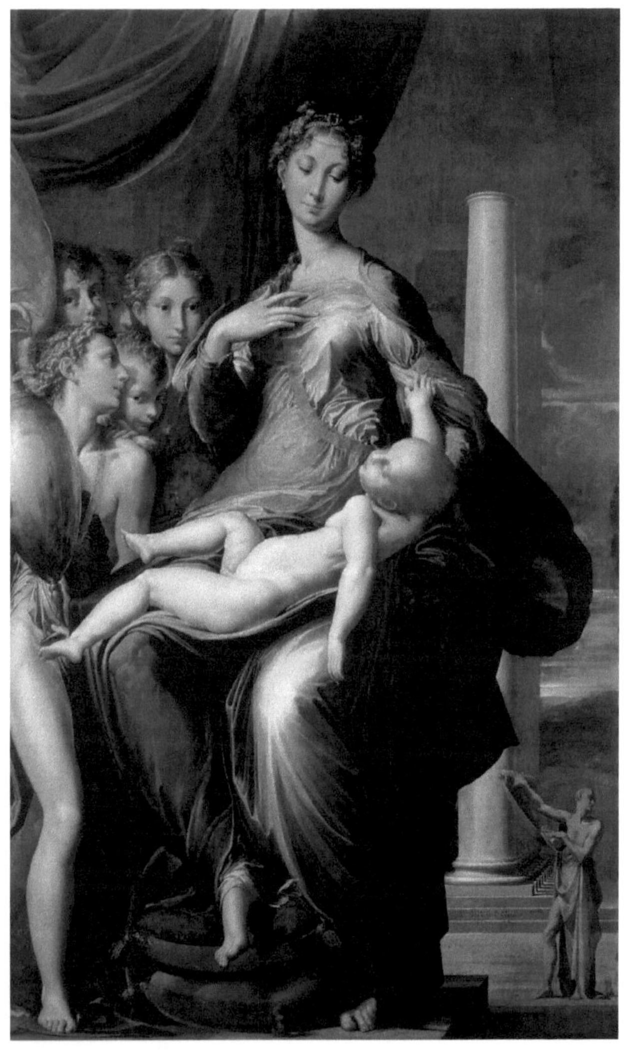

Le Parmesan, *La Vierge au long cou*, vers 1534-1539, huile sur bois,
219 x 135 cm, Florence, Galerie des Offices.

Peinte pour l'église des Servites à Parme et inachevée, *La Vierge au long cou* (vers 1534-1539), du Parmesan, permet de saisir l'importance de l'influence michelangelesque au XVe siècle en Italie. Cette représentation de la Vierge à l'Enfant est une réinterprétation originale de la célèbre *Pietà* de la basilique Saint-Pierre de Rome. Toutefois, alors que la sculpture de Michel-Ange est l'incarnation parfaite de la grâce et de la piété, le tableau du Parmesan affiche une préciosité très éloignée de l'idéal classique.

MICHEL-ANGE AU XIXe SIÈCLE

Le XIXe siècle redécouvre le génie de Michel-Ange, qui devient un véritable modèle pour toute une génération d'artistes en quête de modernité (Ingres, Géricault, Delacroix, Rodin, Carpeaux, etc.). Les romantiques s'emparent de son nom pour revendiquer plus de liberté dans leurs œuvres et rompre avec l'héritage académique.

Le prix de Rome de l'Académie des beaux-arts, qui récompense chaque année le meilleur artiste français, donne lieu au traditionnel voyage à Rome : le lauréat réside pendant deux à quatre ans à la villa Médicis afin d'étudier les grands chefs-d'œuvre de l'Antiquité et de la Renaissance. Peintres, architectes et sculpteurs français tombent tous sous le charme du divin Michel-Ange. Fascinés par les fresques de la chapelle Sixtine et les imposantes statues du maître florentin, ils ramènent plusieurs croquis de leurs séjours romains. C'est ainsi, notamment, qu'au Salon de 1819, le spectre du *Jugement dernier* plane sur *Le Radeau de la Méduse* de Théodore Géricault (1791-1824). Les sculpteurs Jean-Baptiste Carpeaux (1827-1875) et Auguste Rodin (1840-1917) sont particulièrement marqués par leurs voyages en Italie. De retour en France, ils réalisent des copies d'après les œuvres de Michel-Ange et se rapprochent de son style dans des compositions personnelles fortement influencées par l'artiste italien. « Toutes mes

œuvres sont empreintes du cachet gigantesque de cet homme »,
déclare Jean-Baptiste Carpeaux lors de son premier séjour en Italie
en 1857.

Auguste Rodin découvre d'abord Michel-Ange au Louvre à travers
ses *Esclaves*, des sculptures en marbre destinées à orner le tombeau
de Jules II. En 1875, il se rend en pèlerinage à Florence dans le cadre
du quatre-centième anniversaire de la naissance de l'artiste italien.
Le sculpteur français est particulièrement frappé par l'émotion et
la force qui se dégagent des œuvres de Michel-Ange. Il admire
également le principe d'« inachevé » qu'il fait sien dans la plupart
de ses sculptures. L'influence de Michel-Ange est perceptible dans
ses figures monumentales de Cariatides, d'Atlantes ou de Titans.
Plusieurs sculptures de Rodin imitent la pose des statues de Michel-
Ange, tel que *L'Âge d'Airain* (1877), qui rappelle *L'Esclave mourant*
(1513-1516). Autre exemple de la dette de Rodin envers le maître
florentin, son personnage sculpté d'*Adam*, destiné à prendre place
dans le groupe de *La Porte de l'Enfer* (1880-1890). Présenté au Salon
de 1881, le plâtre de cette sculpture reprend la musculature saillante
et la posture déhanchée du premier homme dans la fresque de *La
Création d'Adam* de la voûte de la chapelle Sixtine.

EN RÉSUMÉ

- Né en 1475 près de Florence, Michel-Ange est un artiste complet qui excelle dans plusieurs domaines artistiques : architecture, peinture, sculpture et poésie. Travailleur acharné, c'est aussi un éternel insatisfait qui laisse de nombreuses œuvres inachevées.

- Proche de la famille Médicis, il met son art au service d'un grand nombre de mécènes, dont plusieurs papes. Parmi ses plus grands chantiers, citons les fresques de la chapelle Sixtine et le tombeau de Jules II, à Rome, ou les tombeaux de la nouvelle sacristie et la bibliothèque laurentienne de la basilique San Lorenzo, à Florence.

- Un des thèmes privilégiés de Michel-Ange est la *pietà*. L'artiste en a réalisé trois, dont la plus connue est celle de la basilique Saint-Pierre de Rome (1498-1499), la seule œuvre signée du maître. Mais il est aussi l'auteur de trois *tondi*, notamment le *Tondo Doni* (1506-1508), qui représentent tous une Vierge à l'Enfant. Enfin, en tant que peintre, l'artiste s'est principalement distingué par son travail de fresquiste.

- Michel-Ange est à l'origine d'un style monumental : en architecture, en sculpture et en peinture, il recourt à de grandes échelles de proportions qui donnent à ses bâtiments et à ses personnages un aspect majestueux. En sculpture, en jouant sur l'anatomie, l'artiste confère à ses statues une émotion plus profonde qui leur donne davantage de vie, comme l'illustre le célèbre *David* (1501-1504). De même, en peinture, il privilégie les forts contrastes de couleurs afin d'animer ses scènes. Quant à ses figures, androgynes et massives, elles ont une musculature surdéveloppée.

- Michel-Ange est considéré comme le père du maniérisme, un courant artistique qui voit le jour au XVIe siècle en Italie et qui consiste à exacerber la « manière » des grands maîtres italiens de la Renaissance. Il a par ailleurs inspiré de nombreux artistes, dont plusieurs sculpteurs français du XIXe siècle, notamment Auguste Rodin.

POUR ALLER PLUS LOIN

SOURCES BIBLIOGRAPHIQUES

- ARASSE (Daniel), « L'index de Michel-Ange » in *Communications*, n° 34, 1981, p. 6-24.
- BOISSIÈRE (Anne), « Interprétation et expérience vécue dans *Le Moïse* de Michel-Ange : Freud et Theodor Reik », in *Savoirs et Clinique*, n° 7, 2006, p. 39-50.
- BRION (Marcel), *Michel-Ange*, Paris, Albin Michel, 1995.
- CECCHI (Alessandro), « Les cadres ronds de la Renaissance florentine », traduit de l'italien par Nadine Blamoutier, in *Revue de l'art*, n° 76, 1987, p. 21-24.
- CHAIX (Gérald), *La Renaissance, des années 1470 aux années 1560*, Paris, CNED-SEDES, 2002.
- CHASTEL (André), *Le Sac de Rome, 1527. Du premier maniérisme à la Contre-réforme*, Paris, Gallimard, 1984.
- CLARK (Kenneth), *Le Nu*, Paris, Hachette, 1998.
- COMAR (Philippe) (dir.), *Figures du corps. Une leçon d'anatomie à l'École des beaux-arts*, Paris, ENSBA, 2008.
- CONDIVI (Ascanio), *Vie de Michel-Ange*, nouvelle édition revue et augmentée par Bernard Faguet, Paris, Climats, 2006.
- CROUZET-PAVAN (Élisabeth), *Renaissances italiennes (1380-1500)*, Paris, Albin Michel, 2007.
- DE TOLNAY (Charles), *Michelangelo*, 5 tomes, Princeton, Princeton University Press, 1943-1960.
- FREUD (Sigmund), *Le Moïse de Michel-Ange. L'inquiétante étrangeté et autres essais*, traduit de l'allemand par Bertrand Féron, Paris, Gallimard, 1985.
- FROMENTIN (Édouard-Désiré), « Jean-Baptiste Carpeaux, Essai biographique. La vie, l'œuvre du statuaire valenciennois d'après

sa correspondance », in *Valentiana. Revue d'histoire des pays du Hainaut français*, n° 19, 1997.

- HALL (Marcia), *Michel-Ange et la Chapelle Sixtine*, traduit de l'italien par Olivier Fleuraud, Tournai, Renaissance du livre,2002.
- LANG (Jack) et LEMOINE (Colin), *Michel-Ange*, Paris, Fayard, 2012.
- MICHEL-ANGE, *Poèmes*, traduction et présentation de Pierre Leyris, Paris, Gallimard, 1983.
- *Michel-Ange au siècle de Carpeaux*, catalogue d'exposition (Valenciennes, musée des Beaux-Arts, 16 mars-1er juillet 2012), Milan, Silvana Editoriale, 2012.
- MURRAY (Linda), *Michel-Ange*, Londres, Thames & Hudson, 2003.
- PANOFSKY (Erwin), *La Renaissance et ses avant-courriers dans l'art en Occident*, traduit de l'allemand par Laure Meyer, Paris, Flammarion, 2008.
- *Rodin e Michelangelo*, catalogue d'exposition (Florence, Casa Buonarroti, 11 juin-16 septembre 1996), Milan, Charta, 1996.
- SALA (Charles), *Michel-Ange. Sculpteur, peintre, architecte*, Paris, éditions Pierre Terrail, 2001
- VASARI (Giorgio), *Les Vies des meilleurs peintres, sculpteurs et architectes*, réédition de la traduction française et édition commentée sous la direction d'André Chastel en 2 volumes, Arles, Actes Sud, 2005.
- WALLACE (William E.), *Les Trésors de Michel-Ange. Reproductions et fac-similés*, traduit de l'anglais par Emmanuelle Debon, Paris, Eyrolles, 2012.

SOURCES ICONOGRAPHIQUES

- MICHEL-ANGE, *David*, 1501-1504, statue en marbre, 434 cm de haut, Florence, galerie de l'Académie. La photo reproduite est réputée libre de droits.

- MICHEL-ANGE, *La Création d'Adam*, vers 1510-1511, fresque, 280 x 570 cm, Rome, Vatican, chapelle Sixtine. La photo reproduite est réputée libre de droits.
- MICHEL-ANGE, *Le Jugement dernier*, 1536-1541, fresque, 1370 x 1220 cm, Rome, Vatican, chapelle Sixtine. La photo reproduite est réputée libre de droits.
- MICHEL-ANGE, *Moïse*, 1515, statue en marbre, 235 cm de haut, Rome, basilique Saint-Pierre-aux-Liens, cénotaphe de Jules II. La photo reproduite est réputée libre de droits.
- MICHEL-ANGE, *Pietà*, 1498-1499, statue en marbre, 174 x 195 x 69 cm, Rome, Vatican, basilique Saint-Pierre de Rome. La photo reproduite est réputée libre de droits.
- MICHEL-ANGE, *Tondo Doni*, 1506-1508, tempera sur bois, 120 cm de diamètre, Florence, Galerie des Offices. La photo reproduite est réputée libre de droits.
- PARMESAN, *La Vierge au long cou*, vers 1534-1539, huile sur bois, 219 x 135 cm, Florence, Galerie des Offices. La photo reproduite est réputée libre de droits.

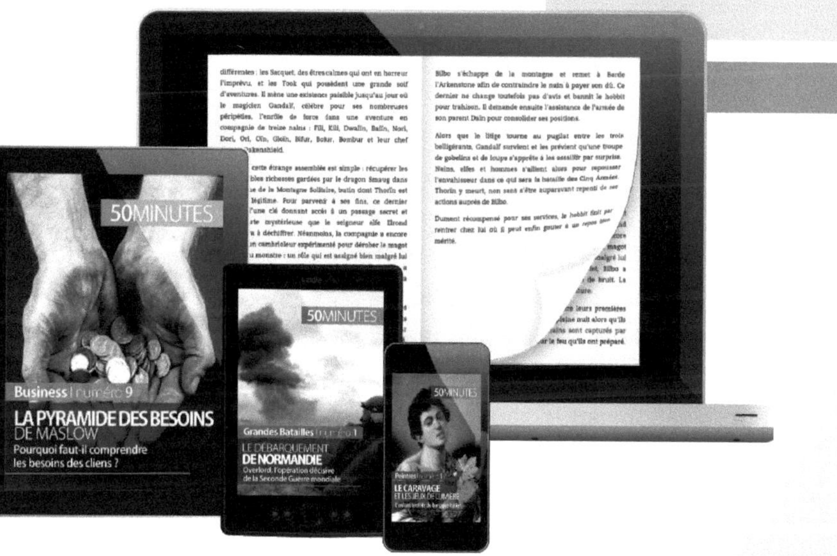

50MINUTES
Art
Business
Histoire
Business | numéro 9
LA PYRAMIDE DES BESOINS DE MASLOW
Pourquoi faut-il comprendre les besoins des clients ?
Grandes Batailles | numéro 1
LE DÉBARQUEMENT DE NORMANDIE
Overlord, l'opération décisive de la Seconde Guerre mondiale
Peintres | numéro 1
LE CARAVAGE ET LES JEUX DE LUMIÈRE

www.50minutes.com

Éditeur responsable : Lemaitre Publishing
Rue Lemaitre 4 | BE-5000 Namur
info@lemaitre-editions.com

ISBN ebook : 978-2-8062-5832-8
ISBN papier : 978-2-8062-5833-5
Dépôt légal : D/2014/12603-185
Photo de couverture : © *David*, par Michel-Ange, 1501-1504.

Conception numérique : Primento,
le partenaire numérique des éditeurs